Haus voll Licht

Ein spiritueller Kirchenführer zur Kirche Maria Hilf in Konstanz

Haus voll Licht

Ein spiritueller Kirchenführer zur Kirche Maria Hilf in Konstanz

Texte: Dr. Petra Zeil
Fotos: Dr. Winfried Dinter

SCHNELL + STEINER

Herzlichen Dank allen Personen aus der Pfarrei Konstanz St. Georg – Maria Hilf, die ihre Erinnerungen geteilt sowie ihr Wissen und Dokumente zu Entstehung, Weiterentwicklung und heutiger Form der Maria-Hilf-Kirche zur Verfügung gestellt haben!

Inhalt

DIE KIRCHE MARIA HILF IN KONSTANZ

1962. In Rom kommen Bischöfe aus aller Welt zum Zweiten Vatikanischen Konzil zusammen. Von offenen Fenstern ist die Rede und von frischem Wind – von *aggiornamento*: „Verheutigung". Es ist spürbar: Durch die katholische Kirche geht ein Ruck. Veränderungen sind im Gange, Neues kommt. Aufwind für die Kirche.

Konstanz, selbst Konzilsstadt von 1414 bis 1418, ist zu jener Zeit schon reich gesegnet mit Kirchen verschiedener Jahrhunderte und Bauepochen. Aber *eine* Kirche scheint noch zu fehlen. Die Gemeinde Allmannsdorf vergrößert sich kontinuierlich, die Bebauung schreitet immer weiter fort, die Kirche St. Georg wird zu klein für die Vielzahl von Gläubigen, und bis St. Gebhard in Petershausen ist es weit. Eine Idee kommt auf: Ist eine neue Kirche mit einer neuen Gemeinde für die Menschen zwischen St. Georg und St. Gebhard denkbar?

Die Idee nimmt Gestalt an, und der Freiburger Erzbischof Hermann Schäufele beschließt, diese neue Pfarrei zu gründen. Schon lange wird das Lehrlingsheim Don Bosco, das sich auf jenem Gebiet befindet, von der Ordensgemeinschaft der Salesianer Don Boscos geleitet, die – ihrem Gründer folgend – besonderes Vertrauen in Maria als Helferin der Christen, setzt. Erzbischof Schäufele nimmt Kontakt zur Ordensleitung in München auf und bittet die Salesianer, die Seelsorge für die neu entstehende Pfarrei zu übernehmen. Diese sagen zu, sodass am 01. August 1963 die Pfarrkuratie *Maria, Hilfe der Christen*, gegründet werden kann. Zunächst ist die noch junge, aus Teilen der Pfarrgemeinden St. Georg und St. Gebhard zusammengesetzte Gemeinde in der Kapelle des Lehrlingsheimes Don Bosco am Salzberg angesiedelt und feiert dort ihre Gottesdienste und Zusammenkünfte. Pater Rupert Nebauer SDB erhält den Auftrag, die neue Pfarrgemeinde und die Entstehung der neuen Kirche zu begleiten, und beginnt damit, Familien zu besuchen und persönliche Kontakte zu knüpfen. Langsam entstehen erste Gruppierungen und Begegnungsmöglichkeiten; das Pfarreileben nimmt Fahrt auf. Den Auftrag zur Planung der neuen Kirche hat der Konstanzer Architekt Dipl.-Ing. Franz Hitzel bereits am 05. Februar desselben Jahres erhalten.

Zuerst ist angedacht, die neue Kirche auf dem Salzberg zu errichten, doch es zeigt sich, dass die fortschreitende Bebauung an jener Stelle nicht genügend Platz für eine Kirche mit Vorplatz und Gemeinderäumen lässt. Nach einigen Verhandlungen mit der Stadt Konstanz einigt man sich auf ein Baugelände im Sumpfgebiet des Hockgrabens, das zum ehemaligen Siechen- und Leprosenheim zur äußeren Tanne („Tannenhof") gehörte.

Am 18. Dezember 1964 werden Entwurf, Pläne und Modell der neuen Kirche dem Ordinariat und Erzbischof Schäufele vorgestellt und von diesen genehmigt. Am 01. November 1965 wird damit begonnen, den sumpfigen Baugrund aufzuarbeiten, und am 01. März 1966 folgt der Baubeginn. Bereits am 23. Juli desselben Jahres kann das Richtfest gefeiert werden. Im Frühjahr 1967 werden die

Betonglaswände eingeglast und der Kreuzweg von Prof. Albert Birkle eingefügt. Zu Pfingsten zieht Pater Rupert Nebauer in das neu gebaute Pfarrhaus neben der Kirche ein, und am 17. Dezember – dem Adventssonntag *Gaudete* – segnet der Konstanzer Dekan Ernst Zeiser das Kirchengebäude. Das Kirchweihfest findet am 14. Juli 1968 statt. Konsekrator ist der Freiburger Weihbischof Karl Gnädinger, der in früheren Jahren selbst Münsterpfarrer und Dekan von Konstanz war.

Die künstlerische Leitung oblag Oberregierungsbaurat Dipl.-Ing. Franz Hitzel unter Mitarbeit von Regierungsbauamtmann Rolf Heinzel aus Konstanz. Weitere künstlerische Beiträge wurden von Gisela Bär aus Pforzheim, Prof. Albert Birkle aus Salzburg und Hans Günther Schmid aus Baiersbronn im Schwarzwald geleistet. Verantwortlich für die Werkpläne und die Bauleitung war der Konstanzer Architekt Walter Steidle, für die Statik Hans Peter Becker, ebenfalls aus Konstanz. Weihbischof Gnädinger schreibt zur Konsekration: „In der alten Constantia ist ein weiteres katholisches Gotteshaus entstanden in einem Gebiet, das durch seine fortschreitende Bebauung nach einem solchen religiösen Mittelpunkt verlangt hat."

Warum eine moderne Kirche im (kirchen-) geschichtsträchtigen Konstanz? Franz Hitzel schreibt dazu, dass „während nahezu 2000 Jahren die Christenheit mit oft völlig neuen und deshalb überraschenden Formen und Stilen in ihrer Kirchenbaukunst dem vom Gründer [d.h. Jesus Christus] ausgesprochenen Auftrag gerecht wurde. Es ist deshalb nicht einzusehen, warum ausgerechnet unsere Zeit, die sich so wesentlich von allen vorausgegangenen abhebt, nicht das Recht, ja die Pflicht auf einen neuen, ihr gemäßen Stil haben soll."

Ihr erster Pfarrer, Pater Rupert Nebauer, schreibt der neu errichteten Maria-Hilf-Kirche ins Stammbuch: „Der Auftrag lautet, eine wirkliche Gemeinschaft von Brüdern und Schwestern im Herrn zu werden, der man sehr wohl anmerkt, daß sie inmitten einer Welt, die Ihn vergißt, fähig ist zur Tat der Liebe, weil sie sich um den einen Tisch schart. Möge die neue Kirche jedem Glied unserer Pfarrgemeinde ein Ort des Gebetes, ein Ort des Friedens, ein Ort der Christusbegegnung und der inneren Freude werden."

Die Maria-Hilf-Kirche ist ein Zusammenspiel der Ideen, Glaubensüberzeugungen und der spirituellen Schaffenskraft verschiedener kreativer Köpfe. Und sie lädt den Menschen, der sie betritt und in ihr verweilt, dazu ein, sich ihre Schätze zu entschlüsseln, diese in je eigener Weise wahrzunehmen und sich von ihnen anrühren zu lassen. Deshalb soll sich auch der Kirchenführer zu diesem besonderen Ort nicht auf Zahlen, Daten und Fakten beschränken, sondern auf meditative Weise Deutungen und Gedanken zu dieser Kirche anbieten. Er wünscht sich, damit die Leserin und den Leser dazu anzuregen, sich auf dieses Haus Gottes einzulassen, es selbst geistlich zu betrachten und zu erfahren.

Konstanz im Mai 2021

Versammlung.
Du in unserer Mitte, Herr,
und wir um Dich herum,
wie damals im Abendmahlssaal.
Im Kreis um einen Mittelpunkt –
Gemeinde um den Tisch des Wortes
und den Tisch des Brotes.
Gemeinsamer Vollzug einer Feier:
kein bloßes Zusehen – mitfeiern.
Jeder ist gemeint. Jede gehört dazu.
Hinhören, antworten, mitsingen.
Empfangen, geben und teilen.
Du bist da, Herr,
nicht nur in Brot und Wein,
sondern auch in Deinem Wort.
Ein jeder soll es in seiner Sprache hören,
wie es an Pfingsten war,
es im Herzen brennen lassen
und weitersagen.
Du bist da, Herr,
in Deiner geringsten Schwester und Deinem geringsten Bruder.
Wir können einander in die Augen sehen.
Geschwister.
Kinder des einen Vaters, der einen Mutter.
Kirche der Reform.
Längst gekanntes,
neu entdecktes Gut
spürbar machen.

DER ZENTRALRAUM – KIRCHE DER LITURGIEREFORM

Am 04.12.1963 verabschiedet das Zweite Vatikanische Konzil die Liturgiekonstitution *Sacrosanctum Concilium*. Diese beschließt eine „Erneuerung und Pflege der Liturgie" und setzt sich zum Ziel, die „Einrichtungen den Notwendigkeiten unseres Zeitalters besser anzupassen" und „zu fördern, was immer zur Einheit aller, die an Christus glauben, beitragen kann" (SC 1). Dazu gehören die „volle und tätige Teilnahme des ganzen Volkes", zu der die Gläubigen „kraft der Taufe berechtigt und verpflichtet" sind (SC 14), und die Aufwertung des Wortgottesdienstes dadurch, dass „die Schatzkammer der Bibel weiter aufgetan" wird (SC 51). Beides wird dadurch unterstützt, dass der Muttersprache neben dem Latein ein „weiterer Raum" zugebilligt wird (SC 36). Der Architekt Dipl.-Ing. Franz Hitzel setzt diese Reformbeschlüsse im Bau der neuen Kirche um. Statt einer traditionellen Langhauskirche entwirft er einen sechseckigen, zentralen Gemeinderaum, der die Einheit des Volkes Gottes zum Ausdruck bringen und die tätige Teilnahme aller ermöglichen soll. Es gibt kein strenges Gegenüber von Liturgen und Gemeinde. Die Bänke sind hufeisenförmig angeordnet und steigen, wie in einem Amphitheater, zur Raummitte hin ab. Gemeinsam mit den Sedilien im Altarraum bilden sie einen Kreis. Als zweiten Schwerpunkt neben Altar

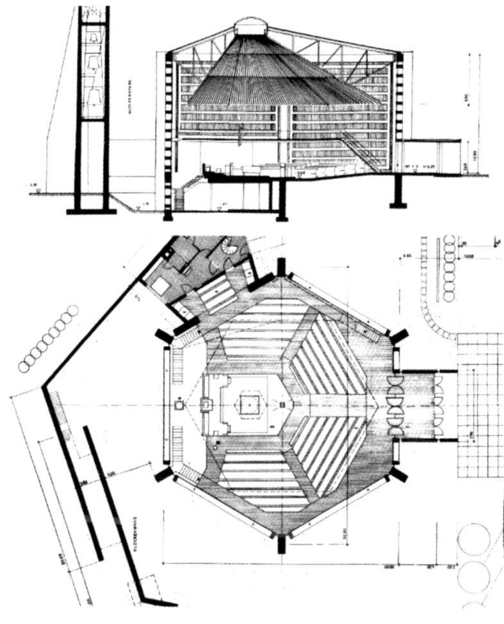

und Tabernakel als Orte der Eucharistie lässt der Architekt zwei Ambonen als Tische des Gotteswortes an prominenter Stelle errichten. Er entwickelt somit eine Kirche von innen nach außen: Die innere Funktion bestimmt die Architektur. In der Konzilsstadt Konstanz wird die erste Kirche nach dem Zweiten Vatikanischen Konzil gebaut: die Maria-Hilf-Kirche.

Ich ahne, wo der Ausgang liegt,
noch während ich am Eingang stehe.
Ich habe das Ziel im Kopf –
doch wie komme ich dorthin?
Auf verschlungenen Wegen gehe ich voran,
glaube, die Richtung stimmt,
und stelle fest:
Es geht nicht weiter!
Sackgassen, Umwege, Mauern.
Dabei scheint das Ziel so nah zu sein!
Nur ein Hindernis entfernt.
Nie bin ich weiter weg von außen,
als wenn ich in der Mitte stehe.
Doch der Mitte wohnt ein Zauber inne,
denn in der Mitte bin ich zutiefst ich.
Manchmal führt der Weg nach innen,
bevor ich bereit bin, nach außen zu gehen.
Trägt er mich fort vom Ziel?
Oder ist er die einzige Chance, anzukommen?
Was weit scheint, ist oft nah,
und das mit Händen Greifbare unerreichbar.
Neue Wege suchen heißt nicht, verirrt sein, klein beigeben.
Es heißt: mich neu ausrichten, meinem Ziel treu bleiben.
Und plötzlich: das Ziel!
Lange aus den Augen verloren,
doch der Weg hat mich geführt.
Ich will Gott begegnen, dort draußen, wo der Ausgang ist.
Und stelle fest: Ich habe ihn gefunden! Unterwegs. In meiner Mitte.
Er ist mit mir gegangen.
Und wenn ich das Labyrinth verlasse,
geht Gott mit mir in die Welt hinaus.
Ins Leben hinein.

DAS LABYRINTH – GEHEIMNISVOLLER GARTEN

Verbunden mit der Renovierung der Maria-Hilf-Kirche im Jahr 2017 sollte auch der Kirchenvorplatz, dessen Bodenplatten locker geworden und zum Teil gebrochen waren, neu gestaltet werden. Leitidee: Der Platz sollte den Weg, der an der Kirche vorbeiführte, integrieren und damit unterbrechen und zum Entschleunigen einladen. Vor und nach den Gottesdiensten sollte er für die Gemeinde ein Ort der Begegnung sein. Der Pfad sollte nicht zu einer geometrischen Mitte auf dem Platz, sondern vom Weg aus – auf selbstgesuchten, oft krummen und Um-Wegen – zur Kirche als Mitte der Gemeinde führen. Das Labyrinth ist somit eigentlich gar kein klassisches Labyrinth. Dennoch führt es zu einer Mitte, wenn diese auch außerhalb des Platzes liegt. Jede und jeder ist dort auch tagsüber herzlich willkommen!

Ein Schiff schwimmt oben.
Zuweilen muss es Wind und Wellen trotzen.
Es fährt nicht auf Gleisen,
es sucht sich selbst seine Spur.
Es kann große Distanzen überwinden,
plötzlich allein sein auf hoher See,
weit und breit kein Land in Sicht.
Es ist beweglich, steht selten im Stau.
Ein Schiff bedeutet Arbeit für die Menschen an Bord,
gerade, weil es so beweglich ist,
so frei schwimmend,
so losgelöst von Boden und eingefahrenem Weg.
Mannschaft und Frauschaft,
Kindschaft und Freundschaft.
Gemeinsam unterwegs.
Segel müssen gehisst werden,
der Kurs mit Bedacht bestimmt,
das Steuerrad in sicheren Händen sein.
Die Kommunikation muss stimmen.
Jemand muss dafür sorgen,
dass auf hoher See keiner Hunger leidet oder Durst,
dass keiner über Bord geht, wenn Sturm aufkommt,
dass alles sauber ist, sodass man gern darauf wohnen mag.
Vorsicht vor Kollision, wenn es neblig wird!
Den Eisberg umschiffen
oder, wenn es doch einmal knallt,
das Leck stopfen
mit vereinten Kräften.
Wissen, wo der Anker hängt
und wo die Rettungsringe.
Einen Kapitän haben, dem man vertrauen kann,
voll und ganz.
Und er stieg in das Boot und seine Jünger folgten ihm (Mt 8,23).

DAS KIRCHENGEBÄUDE – SCHIFF AM SEE

Die Maria-Hilf-Kirche ist als sechseckige Halle aus sechs Eckpfeilern in Stahlbeton und sechs großen Glaswänden erbaut. Der Architekt Franz Hitzel schreibt dazu: „Warum plötzlich ein zentraler Gemeinderaum, (...) nachdem (...) in Europa hunderte, ja tausende von Kirchen während der zurückliegenden Jahrhunderte als Langhauskirchen gebaut wurden? (...) Die Forderung des Konzils nach einem gemeinsamen Vollzug der Messfeier – Priester zusammen mit der um den Altar gescharten Gemeinde – ruft die Urform einer Versammlung, nämlich die Kreisform, in Erinnerung, in deren Mittelpunkt der Akteur steht. (...) Da wir (...) bei der Messe beide Teile, den Wort- und den Mahlgottesdienst, mit Ohr und Auge verfolgen, ja mitvollziehen sollen, genießt der Zentralraum seit diesem Konzil den Vorzug, sofern es sich um eine normale, d.h. mittelgroße Kirche handelt." Der zweischalige, 40 m hohe Glockenturm hat die Form eines Groß- und Kleinsegels, sodass die Kirche im Gesamtbild an ein Schiff erinnert. Die vier Glocken finden zwischen den Segeln ihren Platz. Das passt zu einer Kirche, die so nah an einem großen See steht! An drei Seiten ist der Turm mit Uhrenziffernblättern ausgestattet. Außerdem trägt er ein 15 m hohes, von der Pforzheimer Bildhauerin Gisela Bär geschaffenes Relief mit fliegenden Engeln an der Westseite und an der Spitze ein Kreuz. Schiff ahoi!

„Ein Schiff, das sich Gemeinde nennt, fährt durch das Meer der Zeit. Das Ziel, das ihm die Richtung weist, heißt Gottes Ewigkeit. Das Schiff, es fährt vom Sturm bedroht, durch Angst, Not und Gefahr. Verzweiflung, Hoffnung, Kampf und Sieg, so fährt es Jahr um Jahr. Und immer wieder fragt man sich, wird denn das Schiff bestehn? Erreicht es wohl das große Ziel, wird es nicht untergehn? Bleibe bei uns, Herr, bleibe bei uns, Herr. Denn sonst sind wir allein auf der Fahrt durch das Meer. O bleibe bei uns, Herr." (T/M: Martin Gotthard Schneider. Günter Bosse Verlag Kassel).

Die Glocken –
vertraute Musik.
Sie erinnern an Heimat,
an Zugehörigkeit.
Sie rufen:
Gott lädt Dich ein!
Es gibt einen Ort,
wo das Licht an ist.
Dorthin darfst Du kommen,
wenn Du willst,
jetzt.

Die Glocken –
festliche Musik.
Sie erinnern an das Besondere,
ans Atemholen.
Sie rufen:
Gott lädt Dich ein!
Es gibt mehr als Alltag,
mehr als Arbeit und Pflicht.
Komm und singe mit,
wenn Du willst,
jetzt.

Die Glocken – Glaubensmusik
Sie erinnern an Jesus,
sein Beispiel, sein Wort.
Sie rufen:
Gott lädt Dich ein!
Wo die Güte und die Liebe wohnt,
dort wohnt der Herr.[1]
Komm und glaube mit,
wenn Du kannst,
jetzt.

Die Glocken – Musik in die Welt hinein.
Sie erinnern an die Hoffnung,
die es für alle Menschen gibt.
Sie rufen:
Gott lädt Dich ein!
Eine Stadt auf einem Berg
kann man nicht übersehen.
Komm und leuchte mit,
wenn du Du willst,
jetzt.

1 Ubi caritas. St. Gallen 8. Jh. Nach 1 Joh.

DIE GLOCKEN – AUS BRONZE WIRD MUSIK

Die vier Bronzeglocken der Maria-Hilf-Kirche wurden 1974 in Bad Friedrichshall gegossen, am 27. April 1975 geweiht und anschließend in den bis dahin leeren Glockenturm gehängt. Die größte von ihnen hat einen Durchmesser von 1,365 m, wiegt 1.540 kg und trägt ein Bild des letzten Abendmahls und die Worte des Glaubensgeheimnisses „Deinen Tod, o Herr, verkuenden wir und deine Auferstehung preisen wir, bis du kommst in Herrlichkeit". Die zweitgrößte – mit einem Durchmesser von 1,079 m und einem Gewicht von 760 kg – zeigt ein Bild von Maria mit Kind, das an die Madonnenfigur in der Kirche erinnert. Die drittgrößte (0,901 m, 440 kg) ist dem Heiligen Konrad, Bischof des ehemaligen Bistums Konstanz von 934–975, gewidmet und die kleinste (0,794 m, 318 kg) dem Heiligen Josef. Für den Stundenklang ist die große Glocke zuständig, für die Viertelstundenschläge die zweitgrößte. Im Zusammenklang ergeben die vier Glocken mit den Tönen Es – G – B – C ein *Salve-Regina*-Geläut. Zum Patrozinium 1975 erklang es zum ersten Mal.

TOD O HERR VERKUENDEN WIR,

Die Tür – Portal der Wundmale

Die Tür der Kirche Maria Hilf
zeigt mehr als ein abstraktes Muster.
Wer genau hinsieht, erkennt die Wunden,
die Jesus am Kreuz erlitten hat.
Auf den linken Türflügeln, von Nägeln durchbohrt: die Füße.
Und auf den rechten: die Hände, ans Kreuz genagelt.
Die Seitenwunde unter dem Herzen: auf der mittleren Tür.

Die Tür lädt den Menschen, der eintreten will,
wie damals den Jünger Thomas, ein:
Streck die Hand aus! Leg deinen Finger in meine Wunde,
damit du glauben kannst, dass ich es wirklich bin! (vgl. Joh 20,27)
Komm zu mir – mit all deinen Wunden und so, wie du bist!

So öffnet sich die Tür.
Das Ausstrecken nach Jesus und die Sehnsucht,
ihn zu erkennen und ihm nahe zu sein,
ist der Weg in unsere Kirche hinein.

Das sechsflügelige Portal aus Aluminiumguss wurde von Hans Günther Schmid aus Baiersbronn im Schwarzwald geschaffen. Von ihm stammen auch die Betonglaswände der Kirche.

Ich öffne die Tür und ich sehe: Wasser!
Herr, führt mein Weg zu Dir über den Jordan?
Soll ich über das Wasser gehen, wie Du?
Hinabsteigen.
In das Wasser der Taufe,
so wie Jesus, als er zu Johannes kam,
in das Bad der Reinigung, das Bad der Umkehr.
Das Wasser soll alles abwaschen,
was mir das Herz und anderen das Leben schwer macht:
alles, was bedrückt und in die Tiefe zieht.
Alles, was zwischen mir und der Begegnung mit Gott steht.
Kommt alle zu mir, die ihr mühselig und beladen seid!
Ich will euch erquicken (Mt 11,28).
Symbolisch nur können die Wellen des Bodenmosaiks dazu einladen.
Ich kann sie auch übersehen und einfach über sie hinweg in den Kirchenraum gehen.
Aber Selbsterkenntnis braucht Innehalten,
Umkehr braucht Besinnung,
Auferstehung setzt Hinabsteigen voraus.
Meine Hand im geweihten Wasser,
das Kreuz auf Stirn und Brust sagt:
„Ich gehöre zu Jesus.
Auf seinen Namen bin ich getauft."
Taufe heißt: mit Jesus aufs Engste verknüpft,
mit seinem Leben und Sterben, mit seiner Auferstehung.
Du bist mein geliebter Sohn,
an dir habe ich Wohlgefallen gefunden (Mk 1,11).
Gott sagt es zu jedem von uns:
„Geliebte Tochter! Geliebter Sohn!"
Und mit leichterem Herzen steige ich aus dem Wasser
und komme zu Gott.

Die Vorhalle – Bezirk der Reinigung

Die Vorhalle der Maria-Hilf-Kirche ist als „Bezirk der Reinigung“ gedacht. Auf beiden Seiten ist je ein sechseckiges Weihwasserbecken aus weißem Stein mit einer kreuzförmigen Öffnung für das Weihwasser angebracht. Die Bodengestaltung nimmt das Thema Wasser auf: Durch die gesamte Vorhalle zieht sich ein wellenförmiges, in Grau- und Beigetönen gehaltenes Bodenmosaik. Als Windfang dienende Glastüren geben den Weg in den Kirchenraum frei.

Der Himmel geht über allen auf.[2]
In Strahlen fällt das Licht auf uns herab,
himmlisches Licht.
Nicht alles ist von Menschen machbar,
nicht alles muss von Menschen gemacht werden.
Manchmal reicht es, sich zu öffnen für das Licht,
das immer schon da ist,
es einzulassen,
zuzulassen, dass es hell wird in uns.
Dein Glanz erweckt das Angesicht,
In deinem Licht schaun wir das Licht.[3]
Gottesdienst feiern in Deinem Licht.
So, dass Du Freude daran hast.
So, dass wir Dich bei uns spüren.
Und unser Gebet:
Lass es aufsteigen zu Dir,
mit Lob und Dank,
voller Vertrauen und Zuversicht.
Kein Hindernis soll sein
zwischen Dir und uns,
nichts soll bremsen,
was von Dir zu uns will
oder von uns zu Dir.
Fall ein in unser Leben
wie das Licht!
Lass uns den Himmel offen stehen!

2 Wilhelm Willms 1974.
3 Marie Luise Thurmair 1971.

Die Decke – aufbrechender Himmel

Die Decke der Maria-Hilf-Kirche besteht aus einem dreigestuften, kegelförmigen Holzbaldachin mit sechseckigem Oberlicht (Opaion) unter einem flachgeneigten Aluminiumdach.

Ein Gotteshaus mit starken Mauern.
Es schützt die, die drinnen sind,
Ruhe suchen, beten wollen,
einmal fern von allem,
geborgen bei Gott.
Es sagt aber auch zu jeder Zeit:
Da ist eine Welt jenseits der Kirchenmauern.
Sie strahlt zu uns herein
und gehört dazu,
denn:
Freude und Hoffnung,
Trauer und Angst der Menschen von heute,
(...) sind auch Freude und Hoffnung,
Trauer und Angst derer, die zu Christus gehören.[4]
Und wenn es dunkel wird in dieser Welt,
soll unser Licht nach draußen scheinen
und Trost spenden,
sagen: Ihr seid nicht allein.
Herr, lass Deine Kirche bunt sein,
wie ein großes Mosaik
aus vielen kleinen Steinen,
farbenfroh,
gemeinsam ein Ganzes.
Und lass sie sich nicht selbst genügen,
sondern Dich erkennbar machen,
wie Glas, das Licht hereinfluten lässt,
das alles zum Leuchten und Schimmern bringt.
Nicht abgeschottet,
sondern offen und zugewandt
und nach allen Seiten:
Gottdurchlässig.

4 Vgl. Pastorale Konstitution *Gaudium et Spes über die Kirche in der Welt von heute.* Abschnitt 1.

Die Mauern – Wände aus buntem Glas

Die sechs enormen Glaswände aus französischem Dall-Betonglas bilden zusammen, so der Architekt, „eine mystische Glaslaterne". Hans Günther Schmidt aus Baiersbronn, von dem auch das Eingangsportal stammt, hat sie aus dreieckigen, handgeschlagenen Gläsern und aus Beton geschaffen. Horizontale Betonlamellen regeln die Einstrahlung der Sonne, um ungewünschter Blendung im Kircheninneren und Überheizung im Sommer vorzubeugen. Dennoch ist die Maria-Hilf-Kirche lichtdurchflutet und erstrahlt – je nach Licht von außen – in unterschiedlichen Stimmungen. Eine besondere Farbatmosphäre zaubert an der Ostseite die Wand aus blauem Glas, durch die das Morgenlicht auf die Altarinsel fällt.

Der Salzburger Glasbildner Prof. Albert Birkle schuf den in die Glaswände integrierten Kreuzweg aus Dall-Betonglas, der am 3. Februar 1967 eingefügt wurde. Die Bilder bestehen aus mit dem Hammer zurechtgeschlagenen Glasbrocken, durch die das Licht von draußen hereinströmt und die farbintensiven Szenen zum Leuchten bringt. Das Gewand Jesu ist in strahlendem Rot gestaltet, sein Gesicht in bläulichem Weiß, während der Hintergrund hauptsächlich in Petrol gehalten ist. Obgleich das harte Glas ein brüchiges, schwer formbares Material ist, gelingt es dem Künstler, den auf den Bildern gezeigten Situationen durch Haltung und Gesichtszüge der Figuren eine große Ausdruckskraft zu verleihen und eine Dramatik lebendig werden zu lassen, die berührt. Anders als die meisten Kreuzwege hat dieser 15 statt 14 Stationen und endet nicht mit der Grablegung, sondern mit der Auferstehung Jesu. Diese 15. Station fällt besonders dadurch auf, dass ihre Fläche doppelt so hoch ist wie die anderen 14 und ein lichtvolles Gelb die Szene erstrahlen lässt.

Der Kreuzweg

1. Jesus wird zum Tod verurteilt

Da sitzt einer auf seinem Thron.
Er hat die Macht, zu entscheiden
über schuldig und unschuldig,
über Tod und Leben.
Sein Gesicht verheißt nichts Gutes.
Die Menge wiegelt ihn auf.
Kreuzige ihn! (Mk 15,13)
Und mit tausend Händen greift sie nach dem,
der nichts Böses getan hat.
Und dieser weiß:
Hier geht es nicht um Gerechtigkeit.
Die Leute haben ein Opfer gefunden,
sie geben es nicht mehr preis.

Sie haben ihm den Purpurmantel umgelegt
und einen Dornenkranz geflochten.
Das Zepter in seiner Hand:
Zeichen des Hohns.
Jesus, wo sind Deine Freunde hin?
Warum steht keiner für Dich ein?
Weggeschaut, geleugnet, geflohen.
Aus Angst das Falsche getan,
trotz aller Liebe.
Fest entschlossen,
aber dann doch den Mut nicht aufgebracht.
Bist du der Messias? (Mk 14,61)
Gott, steh denen bei,
die heute gejagt und verurteilt werden!

2. Jesus nimmt das Kreuz auf seine Schultern

Jesus nimmt das Kreuz auf seine Schultern
und schweigt.
Was hätte er auch sagen sollen?
Ich habe die Kranken geheilt,
die Ausgeschlossenen in die Gemeinschaft geholt.
Ich habe euch gezeigt, dass das Brot für alle reichen kann.
Wo Hass war, habe ich geliebt,
wo Schuld war, habe ich vergeben
und Umkehr ermöglicht.
Ich habe euch gezeigt,
dass Gott euch Vater und Mutter ist,
kein Gott strenger Regeln,
sondern Gott der Barmherzigkeit
und Mitmenschlichkeit.
Was war falsch daran?
Wer es bis jetzt nicht verstanden hat,
ist auch für diese Worte taub.
Jesus schweigt.
Es wird keine Hilfe kommen.
Gott, gib denen Kraft,
die in ihrem Leben schwere Lasten tragen müssen!

3. Jesus fällt zum ersten Mal unter dem Kreuz

Jesus fällt.
Keiner kann ewig stark sein.
Das Kreuz ist zu schwer,
und die Wunden, die sie ihm zugefügt haben,
tun so weh,
dass er es kaum noch aushält.
Schmerzverzerrt liegt er da,
am Boden,
doch das Gesicht noch zum Himmel gewandt.
Sind da Tränen in seinen Augen?
Die Leute können den Blick nicht von ihm wenden.
Es ist schwer, in ihren Gesichtern zu lesen.
Kann euch wirklich kaltlassen, was ihr hier seht?
Gott, lass uns nicht tatenlos zuschauen,
wenn jemand am Boden liegt!

4. Jesus begegnet seiner Mutter

Mutter!
Wie ein Kind stürzt er sich in ihre Arme
und hält zugleich
sie aufrecht.
Ein Schwert durchdringt ihre Seele (vgl. Lk 2,35),
jetzt ist es soweit.
Er hält sie,
sie hält ihn,
mit zärtlicher, verzweifelter Kraft.
Einander Halt geben,
auch wenn keiner von beiden
einen Ausweg kennt.

Einen Moment lang Sicherheit spüren,
Geborgenheit,
unverwundbar sein.
Dass die Leute schon schauen,
interessiert sie nicht.
Kann denn eine Frau ihr Kindlein vergessen?
Und selbst wenn:
Ich vergesse dich nicht (vgl. Jes 49,15).
Gott, lass jemanden da sein,
der mich hält,
wenn alles zerbricht!

5. Simon von Zyrene hilft Jesus, das Kreuz zu tragen

Simon.
Zufällig dabei.
Man zwingt ihn, mitzutragen.
Zur falschen Zeit am falschen Ort.
Aber dann sieht er:
Da kann einer nicht mehr,
und ich habe noch Kraft.
Simon kann Jesus nicht retten,
doch er kann da sein.
Ein Stück weit die Last mittragen.
Jesus spüren lassen:
Hier geht einer mit.

Unter dem schweren Kreuz,
unter dem unverwandten Blick der Leute.
Einer steht hinter dir,
auch wenn er sonst nichts tun kann für dich.
Zur rechten Zeit am rechten Ort.
Mitangepackt.
Dich schickt der Himmel, Simon!
Gott, gib uns den Mut,
zur rechten Zeit am rechten Ort zu sein
und zu tun, was wir können,
und wenn es noch so wenig ist!

6. Veronika reicht Jesus das Schweißtuch

Veronikas Liebe
ist größer als ihre Furcht.
Sie sieht Jesus leiden
und will ihm Linderung bringen,
ein kleines Zeichen des Mit-Leidens,
der Zuneigung.
Sie reicht ihm ihr Tuch,
wischt ihm Schweiß und Blut vom Gesicht.
Am liebsten würde sie
das Unrecht wegwischen,
das ihm angetan wird,
die Angst und den Schmerz.

Dankbar blickt er sie an,
gibt ihr das Tuch zurück,
und Veronika erkennt:
Er hat sich eingeprägt in ihr Leben.
Sie sieht noch immer sein Gesicht,
als er schon längst vorbeigegangen ist.
Sie wird ihn bei sich tragen,
auch wenn er fort ist.
Gott, segne alle,
die leidenden Menschen helfen
und sich von ihrer Not berühren lassen!

7. Jesus fällt zum zweiten Mal unter dem Kreuz

Jesus fällt zum zweiten Mal.
Ungebremst.
Sein Gesicht schlägt auf der Erde auf,
seine Hände greifen ins Leere.
Habt Ihr denn kein Erbarmen?
Gott, rühre die Herzen derer an,
die andere foltern, töten
oder ihnen Hilfe und Rettung verweigern!

8. Jesus begegnet den weinenden Frauen

Es bricht ihnen das Herz,
Jesus so zu sehen.
Sie wissen:
Hier geschieht Unrecht,
Böses bricht sich Bahn.
Und sie kommen dagegen nicht an,
können das Verhängnis nicht abwenden.
Doch ihre Tränen sind Protest:
Wir nehmen es nicht hin!
Die Frauen bleiben an Jesu Seite.
Bis zuletzt
und über seinen Tod hinaus.
Gott, stärke die treuen Seelen,
die einen Leidenden nicht im Stich lassen!

9. Jesus fällt zum dritten Mal unter dem Kreuz

Gefallen.
Nur noch Schmerz und Dunkelheit.
Ganz unten.
Warum, Herr?
Meine Seele ist zu Tode betrübt (Mt 26,38).
Gott, nimm Dich derer an,
die am Ende sind!

10. Jesus wird seiner Kleider beraubt

Respektlos.
Sie nutzen die Not eines Menschen aus,
der sich nicht wehren kann.
Sie werfen das Los um etwas,
was ihnen nicht gehört.
Gierige Hände greifen nach seinen Kleidern
und verteilen sie unter sich.
Das letzte bisschen Würde nehmen sie ihm weg.

Und Jesus betet zu dem,
dessen geliebter Sohn er ist.
Gott, hab Erbarmen mit denen,
die acht- und lieblos behandelt werden
und mit denen,
die unter menschenunwürdigen Bedingungen
leben müssen!

11. Jesus wird ans Kreuz genagelt

Jesus wird ans Kreuz geschlagen.
Ein Mensch wird
von anderen Menschen
mit Nägeln durchbohrt.
Er wehrt sich nicht.
Er kann nicht mehr.
Die, die vorbeigehen,
lachen
und schütteln den Kopf über ihn.
Er soll jetzt vom Kreuz herabsteigen,
damit wir sehen und glauben (Mk 15,32).

Damit ihr glaubt?
Ihr habt seine Zeichen gesehen
und nicht geglaubt.
So viel Schmerz und Einsamkeit!
Vater, vergib ihnen, denn sie wissen nicht, was sie tun!
(Lk 23,34)
Und immer noch kommt die Hoffnung von ihm:
Heute noch wirst du mit mir im Paradies sein (Lk 23,43).
Gott, schenke den Sterbenden Zuversicht
und Leben bei Dir!

12. Jesus stirbt am Kreuz

Finsternis bricht herein.
Verzweifelt unter dem Kreuz:
die liebsten Menschen, die er hat.
Siehe, dein Sohn!
Siehe, deine Mutter! (Joh 19,2526b-27a)
Alles vollbracht.
Er haucht den Geist aus und stirbt.
Der Vorhang im Tempel reißt entzwei
und gibt den Blick frei auf das Allerheiligste:
Wahrhaftig,
dieser Mensch war Gottes Sohn (Mk 15,39).
Gott, öffne mir die Augen und das Herz!

13. Jesus wird vom Kreuz abgenommen und in den Schoß seiner Mutter gelegt

Abend.
Die Sonne ist rot und geht unter
nach einem schrecklichen Tag.
Josef von Arimathäa geht zu Pilatus
und holt Jesus zurück.
Vorsichtig herab vom Kreuz,
sanft in die Arme Marias.
Und eine Mutter weint
um ihr totes Kind.
Gott, schenke den Trauernden echten Trost!

14. Der Leichnam Jesu wird in das Grab gelegt

Zur Ruhe,
fort von allen,
die ihm wehgetan haben.
Sie legen Jesus in ein neues Felsengrab:
Josef von Arimathäa,
die Frauen,
Nikodemus.
Ein Begräbnis für einen Menschen,
den man liebt,
schmerzlich betrauert.
Leinenbinden und duftende Salben,
und zum Schutz:
der Felsbrocken vor dem Eingang.
Stille.
Gott, lass das Grab nicht das Ende sein!

15. Jesus ist auferstanden!

Noch eben war es tiefste Nacht,
jetzt strahlt das Kreuz im Morgenlicht.
Ich steh am Grab und find ihn nicht –
wohin habt ihr den Herrn gebracht?
Sagt allen, die im Finstern bangen,
dass sich der Todesschleier hebt.
Wir bleiben nicht in Nacht gefangen.
Die Welt wird neu,
denn Jesus lebt!
Jesus lebt!

Der Altar – Tisch des Brotes – sprechender Tisch.

Er hat sie sich eingeprägt, die Worte Jesu beim letzten Abendmahl,
kann sie auswendig,
erzählt sie jedem, der ihm naht.
Ein neuer Bund.
Die Schuld wird euch vergeben.
Mein Leib und mein Blut.
Nehmt, esst und trinkt,
zu meinem Gedächtnis
(1 Kor 11,24-25; Mt 26,25–28).
Worte in weißen Stein gemeißelt.
Unverrückbar.
Einladung über die Jahrtausende,
bis er wiederkommt.
Ewige Verbindung
mit Jesus und untereinander,
für jeden, der kommt,
für jede, die dabei sein will,
teilnimmt am Mahl
zum Gedächtnis an Jesus,
wartend auf ihn
gemeinsam am Tisch des Brotes.

Der Altar – Tisch des Brotes

Über alle vier Seiten des weißen Steinaltars – beginnend mit der Nord- und endend mit der Ostseite – erstrecken sich in lateinischer Sprache die Einsetzungsworte aus dem Letzten Abendmahl Jesu mit seinen Jüngern. Es mag verwundern, dass die Worte auf dem Altar immer noch lateinisch sind, obwohl zu jener Zeit die Liturgiekonstitution *Sacrosanctum Concilium* des Zweiten Vatikanums bereits die Muttersprache für weite Bereiche der Liturgie zulässt und empfiehlt und dies schon in den Perikopen in deutscher Sprache auf den beiden Ambonen zum Ausdruck kommt. Ein Grund für die Verwendung des Lateins auf dem Altar kann die Tatsache sein, dass die Liturgiekonstitution weiterhin das Lateinische als Sprache für die Riten bestimmt, mit denen der Altar besonders verbunden ist. Diese Fassung der Worte Jesu stammt, mit einigen Auslassungen, aus dem Messkanon des *Missale Romanum* von 1962, die Schriftzeichen sind das Werk der Pforzheimer Bildhauerin Gisela Bär.

Die lateinische Inschrift auf dem Altar (Nord – West – Süd – Ost)

ACCIPITE ET MANDUCATE EX HOC OMNES HOC EST ENIM CORPUS MEUM
(Nehmt und esset alle davon: Denn dies ist mein Leib)

ACCIPITE ET BIBITE EX EO OMNES HIC EST ENIM CALIX SANGUINIS MEI, NOVI ET AETER
(Nehmt und trinket alle daraus, denn dies ist der Kelch meines Blutes, des neuen und ewi-

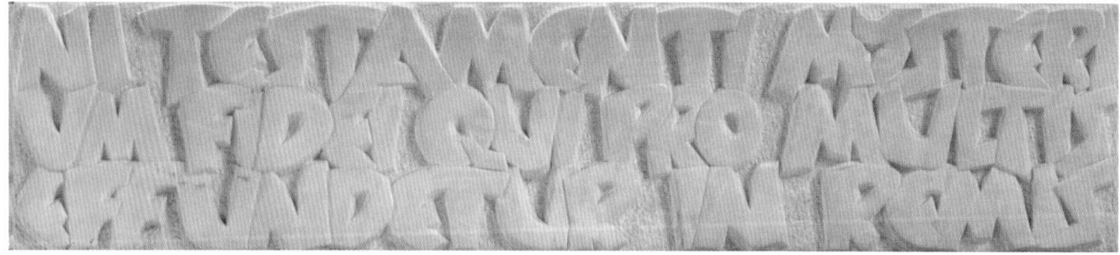

NI TESTAMENTI MYSTERIUM FIDEI QUI PRO MULTIS EFFUNDETUR IN REMIS
gen Bundes – Geheimnis des Glaubens – das für die vielen vergossen wird zur Ver-

SIONEM PECCATORUM HAEC QUOTIESCUMQUE FECERETIS IN MEI MEMORIAM FACIETIS
gebung der Sünden. Tut dies, sooft ihr es tut, zu meinem Gedächtnis.)

Der Tabernakel – bewohntes Haus

Es ist der Herr (Joh 21,7), sagten die Jünger,
als Jesus ihnen am See von Tiberias erschien.
Es ist der Herr, denke ich
und schaue auf das Brot.
Gottheit tief verborgen.[5]
Brot im Tabernakel bewahrt.
Und das Licht sagt: Das Haus ist bewohnt.
Und die Engel sagen: Das ist das Brot vom Himmel,
das Gott allen Menschen zur Stärkung gibt.
Steht auf und esst, sonst ist der Weg zu weit für euch! (vgl. 1 Kön 19,7)
Kein Ginsterstrauch,
unter den wir uns,
zu Tode betrübt,
zum Sterben niederlegen.
Ein brennender Dornbusch!
Brennend und sich doch nicht verzehrend.
Der Ort, wo ihr steht, ist heiliger Boden (vgl. Ex 3,5).
Und jetzt geht in die Welt,
mit meinem Feuer im Herzen
und erhebt eure Stimmen
gegen Unrecht und Fesseln!
Wie Mose und Aaron!
Euch sendet der Ich-bin.
Und ich denke mir: *Es ist der Herr.*
Und ich wandere, durch diese Speise gestärkt,
wenn es sein muss
vierzig Tage und vierzig Nächte
bis zu Gottes Berg.

5 Thomas von Aquin/Petronia Steiner.

Der Bronzetabernakel aus den Händen der Pforzheimer Bildhauerin Gisela Bär greift zwei alttestamentliche Themen auf: Das Gehäuse ist – passend zur Kirche insgesamt – sechseckig gearbeitet und trägt das Motiv des Brotes der Engel aus 1 Kön 19, wo ein Engel dem entmutigten, müden Elija Brot und Wasser reicht mit den Worten „sonst ist der Weg zu weit für dich". Getragen wird das Tabernakelgehäuse von Bronzezweigen, die das Ewige Licht in sich bergen und an den brennenden Dornbusch aus Ex 3 erinnern, aus dem sich Gott dem Mose als der „JHWH – Ich bin da" offenbart hat. Ursprünglich stand der Tabernakel an der Spitze der Altarinsel, der exakten geometrischen Mitte der Kirche. Heute hat er seinen Platz auf der rechten Seite der Altarinsel. Der Architekt der Maria-Hilf-Kirche legte Wert darauf, dass das Allerheiligste „in keine Sakramentskapelle verbannt" wird, sondern so steht, dass die Gläubigen es sehen können, wodurch es sich „für alle Andachten und das persönliche Gebet geradezu an[biete]".

Was ist das für ein Wort,
von dem man leben kann
wie von Brot?
Es ist das eine Wort,
das den Diener gesund macht (vgl. Mt 8,8)
und die Geister vertreibt (vgl. Mt 8,16).
Das Wort, das im Anfang war,
vor aller Zeit,
und durch das alles wurde (vgl. Joh 1,1–3),
als Gott sprach: *Es werde (Gen 1).*
Es ist das Wort, das die Schuld verzeiht
und den Gelähmten hüpfen lässt (vgl. Lk 5,23–24).
Das Wort, in dem sich Gott dem Mose offenbarte:
JHWH – Ich bin, der ich bin (Ex 3,14).
Es ist das Wort,
das Fleisch geworden ist
und unter uns gewohnt hat (vgl. Joh 1,14).
Das Wort, das an die Propheten erging
und sie auftreten ließ
gegen Unterdrückung und Unrecht.
Es ist das Wort *Fürchte dich nicht,*
das dem Abraham Mut machte,
in die Fremde zu ziehen (vgl. Gen 15,1).
Das Wort, das Gottes Mund verlässt
und nicht leer zu ihm zurückkehrt,
ohne zu bewirken, was er will (vgl. Jes 55,11).
Gottes Worten wohnt Kraft inne –
kreative Kraft, Schaffenskraft.
Wort und Brot.
In beidem ist Gott da.
Das Wort war bei Gott und das Wort war Gott (Joh 1,1).
Wer Ohren hat, zu hören, der höre (Lk 8,8).
Worte wie Lebensbrot.
Herr, zu wem sollen wir gehen?
Du hast Worte des ewigen Lebens (Joh 6,68).

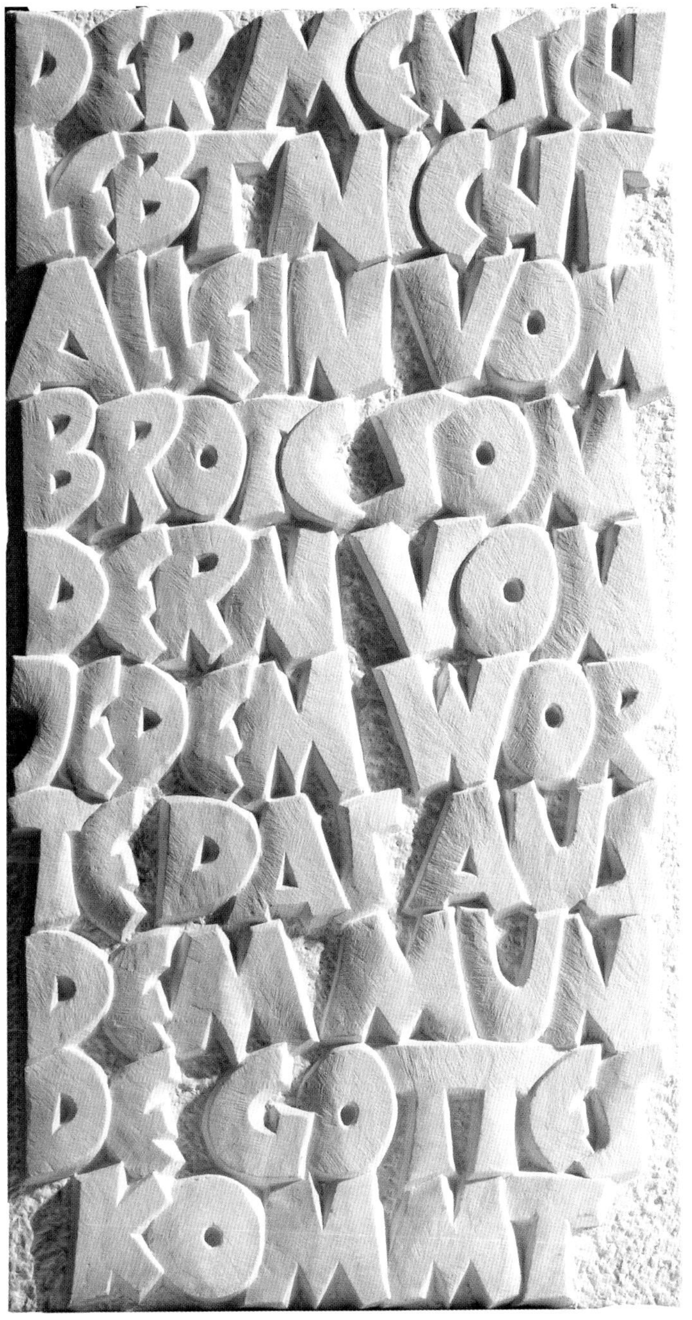

Die Ambonen – Tische des Wortes

Der Mensch lebt nicht allein vom Brote, sondern von jedem Worte, das aus dem Munde Gottes kommt (Mt 4,4).

Heiligt eure Seelen durch den Gehorsam gegen die Wahrheit.

Zeigt aufrichtige Bruderliebe zueinander. 1 Petr 1,22

Wahrheit und Liebe.
Eingemeißelt in den Tisch des Wortes
als Brief an unser Herz.
Denn:
Die Wahrheit wird euch frei machen (Joh 8,32),
und dies ist das zentrale Gebot:
Liebt einander (Joh 13,34)!
Von Jesus dem Gebot, Gott zu lieben,
gleichgestellt.
Nicht immer ein leichtes Gebot,
manchmal schier unmöglich.
Doch es wird uns zugetraut,
wenn unsere Wahrheit ist,
dass Gott die Liebe ist
und sein Sohn aus Liebe zu uns
Mensch wurde,
Menschen heilte und aufrichtete
und aus Liebe zu Menschen
den Tod besiegte
für alle.
Das ist mein Gebot, dass ihr einander liebt, so wie ich euch geliebt habe.
Es gibt keine größere Liebe, als wenn einer sein Leben für seine Freunde hingibt (Joh 15,12–13).
Keine bloße Moral.
Lebensphilosophie.

Die Liturgiekonstitution *Sacrosanctum Concilium*, die im Jahr 1963 vom Zweiten Vatikanischen Konzil verabschiedet wird, wertet den Wortgottesdienst innerhalb der Messfeier auf und schreibt: „Von größtem Gewicht für die Liturgiefeier ist die Heilige Schrift. Aus ihr werden nämlich Lesungen vorgetragen und in der Homilie ausgedeutet, aus ihr werden Psalmen gesungen, unter ihrem Anhauch und Antrieb sind liturgische Gebete, Orationen und Gesänge geschaffen worden, und aus ihr empfangen Handlungen und Zeichen ihren Sinn (SC 24). Deshalb verlangt sie, dass „die Schatzkammer der Bibel weiter aufgetan" (SC 51) werde, empfiehlt die Predigt und das Fürbittgebet als feste Teile des Gottesdienstes (vgl. SC 52–53) und setzt sich zum Ziel, das „innige und lebendige Ergriffensein von der Heiligen Schrift" (SC 24) zu fördern. Dieser Hervorhebung des Wortes Gottes trägt die Maria-Hilf-Kirche Rechnung, indem zu ihrer Ausstattung gleich zwei Tische des Wortes gehören. Die beiden Ambonen aus weißem Stein stehen, durch die hinteren Altarstufen erhöht, in je gleichem Abstand vom Altar auf der rechten und linken Seite der Altarinsel. Der für Evangelium und Verkündigung vorgesehene Ambo links trägt die Worte aus dem Matthäusevangelium 4,4: „Der Mensch lebt nicht allein vom Brote, sondern von jedem Worte, das aus dem Munde Gottes kommt." Die Worte aus dem Ersten Petrusbrief 1,22 „Heiligt eure Seelen durch den Gehorsam gegen die Wahrheit. Zeigt aufrichtige Bruderliebe zueinander" schmücken den rechten Ambo, der für sonstige Schriftlesungen, Fürbittgebete, Meditationen etc. dient. Die Schrift auf den Ambonen ist – wie jene auf dem Altar – das Werk der Pforzheimer Bildhauerin Gisela Bär. Es fällt auf, dass die Künstlerin für die Perikopen auf den Ambonen die deutsche Sprache verwendet hat, während die Worte auf dem Altar in Latein gehalten sind. Auch dies hängt mit den Bestimmungen der Liturgiekonstitution *Sacrosanctum Concilium* zusammen, die einerseits die lateinische Sprache in den lateinischen Riten beibehält (vgl. SC 36.1), andererseits aber der Muttersprache „einen weiten Raum zu[...]billigen“ will, „vor allem in den Lesungen und Hinweisen und in einigen Orationen und Gesängen“, da „bei der Messe, bei der Sakramentenspendung und in den anderen Bereichen der Liturgie nicht selten der Gebrauch der Muttersprache für das Volk sehr nützlich sein kann“ (SC 36.2). Für den Altar, der vor allem mit den Riten verbunden ist, wurde also die lateinische Sprache gewählt, während den Ambonen, die für Schriftlesungen, Verkündigung und Gebete in der Muttersprache bestimmt sind, die deutsche Sprache zukommt.

Ambo für Lesungen, Fürbittgebete, Meditationen, Vermeldungen etc, rechte Seite der Altarinsel: *Heiligt eure Seelen durch den Gehorsam gegen die Wahrheit. Zeigt aufrichtige Bruderliebe zueinander* *1 Petr 1,22.*

Das Bronzekreuz über dem Altar – ein Versprechen

Ein Kreuz, Herr.
Unser vornehmstes Zeichen für Dich.
Und doch tut es weh, Dich so zu sehen.
Hilflos, Deiner Kleider beraubt,
erstarrt in übermenschlichem Schmerz,
missverstanden und alleingelassen.
Könnten wir Dich doch lieber
in Deiner Krippe sehen,
freudig im Kreis Deiner Freunde,
voll Idealismus bei Deiner Arbeit
oder erzählend auf Deinem Fischerboot.
Doch: ein Kreuz.
Wer Dich liebt, leidet mit.
Und vielleicht besteht das Geheimnis darin.
Dein Kreuz sagt uns nämlich:
Du leidest mit.
Mit jedem, der allein ist
oder missverstanden,
mit jeder, die hilflos ist und schmerzgequält,
mit allen, die ihrer Kleider beraubt sind und ihrer Würde.
Deine offenen Arme am Kreuz sagen:
Kommt zu mir,
ich kenne euer Leid (vgl. Ex 3,7),
ich weiß, welches Kreuz ihr tragt.
Ich trage mit und lasse euch nicht allein.
Dein Kreuz über unserem Altar, Herr.
Ein Versprechen.

Das Bronzekreuz über dem Altar ist – wie der Tabernakel, die Madonnenfigur, die Schrift an Altar und Ambonen, das Engelrelief am Turm und der Grundstein beim Portal – Werk der Bildhauerin Gisela Bär aus Pforzheim. All ihre Arbeiten gehören zur Originalausstattung der Kirche Maria Hilf.

Maria – Helferin der Menschen

Nicht im Mittelpunkt.
Fast zu übersehen.
Und doch: immer da.
Dein freundlicher Blick sagt mir:
„Komm zu mir mit deinen Ängsten und Sorgen.
Mit deiner Hoffnung und deinem Sehnen.
Schütt dein Herz bei mir aus,
leg alles bei mir ab, was du nicht alleine tragen kannst."
Du sitzt, Du hast Zeit. Du wirst nicht fortgehen.
Wenn ich dich brauche, wirst Du da sein.
Deine offenen Arme sind die Arme einer Mutter.
Fast möchte ich mich hineinlegen in diese Umarmung.
Auf Deinem Schoß: Dein Kind. Zart und klein und doch:
Retter der Welt.
Wer zu dir Dir kommt, kommt zu ihm.
Seine segnende Hand: *Fürchte dich nicht!*
Die Kerze, die ich bei Dir anzünde, bringt Licht in mein Herz,
lässt es ein bisschen heller werden,
für mich und um mich herum.
Und ich weiß, dass Du hörst, wenn ich die Worte spreche:
Maria, hilf!

Die Madonna mit Kind ist das Werk der Pforzheimer Bildhauerin Gisela Bär, die auch das Kruzifix über dem Altar, den Tabernakel, die Schrift an Altar und Ambonen, den Grundstein an der Außenwand und das Engelrelief am Turm gestaltet hat. Der Orden der Salesianer Don Boscos, dem die neu entstandene Kirche und Gemeinde von Anfang an anvertraut war, verehrt Maria als die Helferin der Christen. Die offene Haltung der Bronzefigur, ihr gütiger Blick und das segnende Kind auf ihrem Schoß bringen diese Bereitschaft, für den hilfesuchenden Menschen da zu sein, zum Ausdruck.

Der Grundstein – fester Grund

Fels in der Brandung.
Grund aller Steine. Der Stein auf dem Grund.
Grund, warum es diese Kirche gibt:
Menschen suchen Zuflucht bei Maria.
Maria, Hilfe der Christen.
Fürsprecherin, Ratgeberin, Vorbild, Mutter.
Maria blickt dem Menschen, der die Kirche betritt, in die Augen.
Mitfühlend ist ihr Blick, gezeichnet sind ihre Züge.
Sie kennt die Lasten des Alltags.
Mit Schmerz und Kummer ist sie vertraut.
Aber sie ist mutig gewesen und treu. Immer.
Über Angst und Verzweiflung hinweg.
Sie zeigt dem hilfesuchenden Menschen Jesus:
Er gibt dir Dir Halt!
Was er euch sagt, tut! (Joh 2,5)
Der Stein, den die Bauleute verworfen haben, ist zum Eckstein geworden (Ps 118,22).

Der Grundstein in der Wand rechts neben dem Außenportal wurde am 12. Juli 1966 im Beisein des Konstanzer Münsterpfarrers Erich Zeiser eingefügt. Bildhauerin ist Gisela Bär aus Pforzheim.

ANNO
DOMINI
1966
1967

Herr, lass nicht zu,
dass ich vor Dir zu Kreuze krieche,
schwer beladen mit meiner Schuld,
mich reumütig kleinrede,
zerknirscht hinausgehe mit gesenktem Haupt
und unverändert alles wieder tue.
Ruf mich zu Dir,
schenk mir Stille.
Lass mich in mein Herz blicken
und dann in Deine Augen.
Lass mich Dir anvertrauen,
was mein Herz so schwer
und meinen Weg so steinig macht.
Schenk mir die Laterne,
mit der ich klar sehen kann.
Erinnere mich daran,
wohin ich meinen Kompass gelegt habe.
Such mit mir die Schaufel,
mit der ich den Schutt wegschaffen kann,
der zwischen mir und Dir und den anderen liegt.
Mach mir Mut,
um Entschuldigung zu bitten,
ein bisschen Verständnis zu haben auch für die,
die ganz anders sind als ich.
Hilf mir, die Wunden zu versorgen,
die fremden und meine eigenen.
Gib mir die Kraft, zu verzeihen,
anderen und mir selbst.
Weck in mir das Bestreben,
dem Guten zu folgen, das ich in mir spüre.
Lass keinen Zweifel daran,
dass Du es gut mit mir meinst
und ich ein bisschen mehr so sein kann
wie Du es bist,
wenn ich es nur wirklich will.

Die Beichtnische – Ort der Versöhnung

Die Beichtnische befindet sich vor den Sakristeitüren, südlich von der Altarinsel. Sie ist mit zwei Beichtstühlen aus hellem Holz ausgestattet und wird durch ein Oberlicht erhellt. Heute wird in Maria Hilf das Sakrament der Versöhnung meist in Form eines Gesprächs in der Sakristei gespendet.

Die Empore mit Orgel – der Welt entrückt

Ein Stückchen erhöht,
weiter oben im Raum,
wie um zu sagen:
Schöne Musik ist immer ein wenig
der Welt entrückt.
Schon vom Boden erhoben,
Dir entgegen getragen,
näher bei Dir als das bloße Wort.
Kirchenmusik: ein Gebet.

Auf der südlichen Seite des Innenraums führt eine Treppe zur Empore hinauf. Diese bietet Platz für Sängerinnen und Sänger sowie für die sechstürmige Klais-Orgel, die zu Weihnachten 1968 geliefert wurde. Sowohl der Architekt Franz Hitzel als auch der erste Pfarrer der Maria-Hilf-Kirche, Pater Rupert Nebauer, der selbst Orgel spielte, hatten großes Interesse an einer hervorragenden Orgel und setzten beim Ordinariat den Kauf eines Instruments der renommierten Bonner Orgelbaufirma Klais gemäß deren Wettbewerbsentwurf durch. Die Orgel mit der Werknummer Opus 1408 wurde 1968 von Hans-Gerd Klais in Bonn erbaut und 2015/2016 im Rahmen der Kirchenrenovation in den Werkstätten der Firma Klais generalüberholt. Sie hat eine hohe musikalische Qualität, verfügt über 1658 Pfeifen und 27 klingende, individuellen Stimmen auf zwei Manualen. Die Intonation ist hell, die Töne setzen sich sehr gut in dem durch einen langen Nachhall akustisch anspruchsvollen Raum durch.

Disposition:

I. Hauptwerk C-g'''

Pommer 16'
Principal 8'
Holzgedackt 8'
Octav 4'
Spillflöte 4'
Nasard 2 ⅔'
Super Octav 2'
Terz 1 ⅗'
Sifflet 1'
Mixtur 4f.
Trompete 8'
Schalmei 4'
Tremulant HW
Koppel II-I

II. Brustwerk C-g''' schwellbar

Holzgedackt 8'
Quintade 8'
Principal 4'
Blockflöte 4'
Querflöte 2'
Larigot 1⅓'
Cymbel 3'
Musette 8'
Tremulant BW

Pedal C-f'

Subbass 16'
Principalbass 8'
Koppelflöte 8'
Holzoctav 4'
Rauschpfeife 3f.
Fagott 16'
Clairon 4'
Koppel I-P
Koppel II-P

Die Tontraktur ist mechanisch, die Registertraktur elektrisch. Spielhilfen: zwei freie Kombinationen, Pedalkombination, Tutti, Zungenabsteller.

Mehr, als auf den ersten Blick zu sehen ist.
Zu finden nur für den, der in die Tiefe geht.
Versammlungsort. Gottesdienstort. Auch im kleineren Kreis.
In den Tiefen der Kirche, aber nach oben offen.
Mit oben verbunden.
Ein Pfeiler wächst aus der Tiefe und trägt oben den Altar.
Altarwurzeln im Erdreich.
Bunte Bilder an den Wänden: Menschen unserer Gemeinde.
Kinder, Jugendliche. Sakramente. Ein Stück Lebensweg.
Nichts geht verloren.
Und auch sie ist da: Maria – heimliche Königin.
Verborgen, aber stark.
Krypta – verborgener Raum.
Zu Gott rufen aus der Tiefe.
Um ihn versammelt sein.
Und er: mitten unter uns.

Die Krypta – verborgener Raum

Die Unterkirche war zuerst als Taufkapelle konzipiert, wurde dann als Gemeindesaal benutzt und erst in jüngeren Jahren zum Gottesdienstraum umgestaltet. Sie ist sowohl durch eine Tür von außen, als auch über eine Treppe aus dem oberen Kirchenraum zu erreichen. Dort führen zu beiden Seiten der Altarinsel Treppen in die Krypta hinunter. Da hinter dem Altarraum, im Osten der Kirche, gänzlich auf den Boden verzichtet wurde, ist die Krypta nach oben hin geöffnet und beide Kirchenräume sind miteinander verbunden. Durch eine Glaswand vom Gottesdienstraum der Krypta abgetrennt, befindet sich der Zugang zu den Jugendräumen in der Unterkirche.

Gottesdienstraum in der Unterkirche mit Madonnenfigur Maria Königin. Die Säule wurde von Annette König aus Konstanz mit der Vision des Ezechiel von der Tempelquelle (vgl. Ez 47,1–12) bemalt. Die Wände der Krypta sind mit den Bildern aus der Erstkommunion- und Firmvorbereitung geschmückt.

Nah bei der Kirche.
Den Glockenschlag hören
und manchmal: Chorprobe und Orgel.
Einen kurzen Weg haben
zum bewohnten Gotteshaus.
Hinübergehen und eine Weile aufatmen.
Und gut zu finden sein,
wenn jemand Rat oder Hilfe braucht,
einen Stempel oder ein Formular.
Mitten im Zentrum des Geschehens sein,
Menschen begegnen,
die zur Kirche kommen.
Dabei und zu Hause sein.

Das Pfarrhaus Maria Hilf

Im Obergeschoss des Pfarrhauses der Maria-Hilf-Kirche am Maria-Hilf-Platz 3 befindet sich die Wohnung des Priesters, im Untergeschoss sind das Pfarrbüro, Arbeitsräume für das pastorale Personal sowie die Sitzungszimmer untergebracht. Die beiden Bereiche sind nur durch eine Treppe voneinander getrennt, sodass die Wohnung zu den Pfarreiräumen hin offen ist. Wer im Pfarrhaus wohnt, lebt dicht am Puls der Gemeinde und darf nicht kontaktscheu sein. Als erster Bewohner zog zu Pfingsten 1967 der erste Pfarrkurat, Pater Rupert Nebauer SDB, in das neu gebaute Pfarrhaus ein.

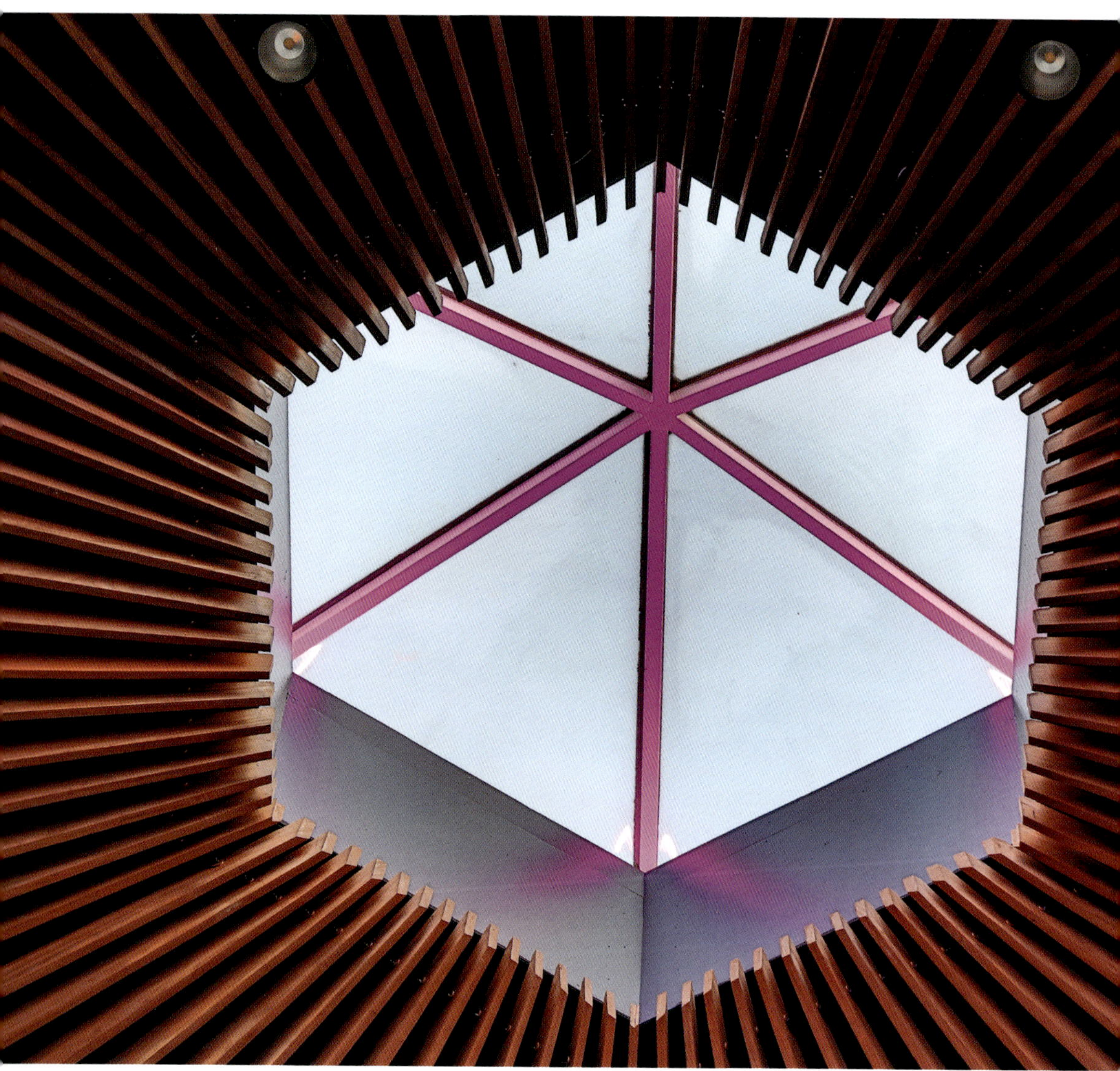

Das violett beleuchtete Oberlicht an der Spitze der Kuppel, von innen betrachtet.

Ausblick – Bauen, was man glaubt

„Ich baue, was ich glaube“, sagte der Architekt Franz Hitzel. Und in Zusammenarbeit mit anderen kreativen Köpfen und Händen baute er ein ungewöhnliches Gotteshaus, welches über die Jahrzehnte vielen Menschen Heimat wurde. Sie schufen mit ihren Ideen und Kräften, ihren Begabungen und ihrer Lust, zu gestalten, einen Ort, der Unzähligen gut tat, – wo sie sich Gott nahe fühlten und Inspiration fanden für ihr Gebet.

Bauen, was man glaubt. Es muss nicht immer ein Kirchengebäude sein. Was Menschen aus einer Überzeugung, einer Vision, einer Hoffnung heraus aufbauen, kann verschiedene Gesichter haben. Die Kirche als Gemeinschaft der Glaubenden lebt von solchen Menschen, die sich einbringen, Neues zu denken wagen, zum Ausdruck bringen, was sie bewegt, leben, was sie vom Evangelium verstanden haben. Die Maria-Hilf-Kirche ist eine Monument gewordene Erinnerung daran, was Menschen aus ihrem Glauben heraus aufbauen können, und eine Aufforderung, dies zu tun – dort, wo wir gerade stehen, und mit den Mitteln und Kräften, die wir zur Verfügung haben. Das gilt in Umbruchszeiten wie jener des Zweiten Vatikanischen Konzils und der heutigen Zeit, aber auch, wenn die Wogen glatt sind und das (Kirchen-)Schiff ruhig dahinzugleiten scheint.

Das Buch, das Sie in Händen halten, ist Ausdruck dessen, was die Menschen glauben, die es geschaffen haben – ein kleines Bauwerk aus Bildern, Gedanken, Worten und Papier. Wenn es Ihnen geholfen hat, sich diese besondere Kirche mit Augen und Ohren, Kopf und Herz neu zu erschließen, sich berühren zu lassen von diesem Haus voll Licht und der Botschaft, die es erzählen will, dann ist unser Werk geglückt.

Literatur

„Maria Hilfe der Christen Konstanz. Festschrift zur Weihe der Kirche Maria Hilfe der Christen zu Konstanz. 14. Juli 1968.

„Maria Hilfe der Christen" in Konstanz. Kirche nach dem Konzil. Gedanken des mit dem Neubau beauftragten Architekten Franz Hitzel. Verlag Friedrich Stadler, Konstanz.

Katholische Kirchengemeinde Konstanz St. Georg – Maria Hilf: Pfarrbrief „Ich baue, was ich glaube." 50 Jahre Kirchweihe Maria Hilf. 2018.

Katholische Kirchengemeinde Konstanz St. Georg – Maria Hilf: www.kath-mhsg.de. 2021.

Konstitution über die heilige Liturgie Sacrosanctum Concilium. 1963.

Pastorale Konstitution Gaudium et Spes über die Kirche in der Welt von heute. 1965.

Bibliografische Information der Deutschen Nationalbibliothek:
Die Deutsche Nationalbibliothek verzeichnet diese Publikation in der Deutschen Nationalbibliografie; detaillierte bibliografische Daten sind im Internet über http://dnb.dnb.de abrufbar.

1. Auflage 2021

Umschlaggestaltung und Satz: typegerecht berlin
Druck: Erhardi Druck GmbH, Regensburg
ISBN 978-3-7954-3655-1

Weitere Informationen zum Verlagsprogramm erhalten Sie unter:
www.schnell-und-steiner.de